Proverbs

Gaelic and English

Compiled by W.A. and H.R. Ross
Illustrated by Brian Fitzgerald

Appletree Press

First published in 1996 by
The Appletree Press Ltd
19-21 Alfred Street
Belfast BT2 8DL

Copyright © The Appletree Press Ltd, 1996

A Little Book of Gaelic Proverbs

A catalogue record for this book is
available from the British Library.

ISBN 0 86281 596 7

9 8 7 6 5 4 3 2 1

INTRODUCTION

Proverbs crystallise the most common of human judgements and experiences. As a result, the same proverb can occur in many different languages, since the essentials of human needs remain the same across the globe.

But each different society gives its proverbs a tincture of their own. This is very true of Celtic society, with its emphasis on honour, hospitality, courage, and its taste for the poetic. These Gaelic proverbs, like little geological cores raised up from far-buried strata, give us a set of insights into a society now gone. It was a rural society of farmers and hunters, with time to fight as well as time to make verses. Its wealth was counted in cows and corn rather than in cash. Gaelic proverbs reflect this closeness to nature and an attachment to the rhythm of the year. The short, ironic comment, often intended as a delicate put-down or a reminder of human fallibility, is dear to the Celtic mind, and from such a base, proverbs emerge quite naturally, and with distinctive wit and pithiness.

And, though that Celtic society is long gone, its proverbs remain and still, perhaps, give a special insight into the minds of their descendants. They are part of what makes us what we are.

Am fear a bhios a' riarachadh na maraig, bidh an ceann reamhar aige fhèin.

The man that divides the pudding will have the thick end to himself.

*Am fear a thèid san dris, fimridh e tighinn
aiste mar a dh'fhaodas e.*

He that goes among the briars must
get out as best he can.

Am fear dan dàn a' chroich, cha tèid
gu bràth a bhàthadh.

Who is born to be hanged will never be drowned.

An nì chì na big, 's e nì na big.

What the little ones see, the little ones do.

Bàthaidh toll beag long mhòr.

A little hole will sink a big ship.

Brìgh gach cluiche gu dheireadh.

The essence of a game is at its end.

Bidh an t-ubhal as fheàrr air a' mheangan as àirde.

The best apple is on the highest bough.

Bidh mìr a' ghill' èasgaidh air gach mèis.

The smart fellow's share is on every dish.

Cha chòir an t-each glan a chur uige.

The willing horse should not be spurred.

*Cha bhi fios aire math an tobair
gus an tràigh e.*

The value of the well is not known until it goes dry.

Cha b'e là na gaoithe là nan sgolb.

The windy day is not the day for thatch-wattles.

Cha dèan aon smeòrach Samhradh.

One mavis doesn't make summer.

Cha dèan cat miotagach sealg.

A cat in mittens won't catch mice.

Cha deoch-slàint, i gun a tràghadh.

It's no health if the glass is not emptied.

*Cha dèanar sagart gun fhoghlam, 's
cha dèan foghlam sagart.*

A priest should be learned, but learning
won't make a priest.

Cha dèan 'Tapadh leis an fhìdhlear' am fìdhlear a phàigheadh.

A "thank-you" doesn't pay the fiddler.

Cha mhisd' a' ghealach na coin a bhith comhartaich rithe.

The moon is none the worse for the dogs' barking at her.

Chan eil saoi air nach laigh leòn.

No hero is proof against injury.

Chan fhiach cuirm gun a còmhradh.

A feast is no use without good talk.

Chan i bhò 's àirde geum as mò bainne.

The loudest cow is not the best milker.

Cha tuit caoran à cliabh falamh.

Peats don't fall from empty creels.

Cha shoirbh triubhas a chur air cat.

It's not easy to put trews on a cat.

Cha toir a' bhòidhchead goil air a' phoit.

Beauty won't boil the pot.

Cha sgeul-rùin e 's fios aig triùir air.

It's no secret if three know it.

Eiridh tonn air uisge balbh.

A wave will rise on quiet water.

Cluinnidh am bodhar fuaim an airgid.

The deaf can hear the silver clink.

Dèan maorach fhad 's a bhios an tràigh ann.

Dig your bait while the tide is out.

Far an taine 'n abhainn, 's ann as mò a fuaim.

Where the stream is shallowest, it is noisiest.

Fear gu aois, is bean gu bàs.

A son is a son until he comes of age; a daughter is a
daughter all her life.

*Fear sam bith a loisgeas a mhàs, 's e fhèin a
dh'fheumas suidhe air.*

Whoever burns his backside must himself sit upon it.

Gabhaidh fear na sròine mòire a h-uile rud
ga ionnsaigh fhèin.

The man with a big nose thinks everyone talks of it.

Ge milis am fìon, tha e searbh ri dhìol.

The wine is sweet, the paying bitter.

*Ged a chual' iad an ceòl, cha do
thuig iad am port.*

They heard the music but did not understand the tune.

Is ann às a ceann a bhlighear a'-bhò.

It's from her head the cow's milk comes.

Is ann den aon chlò an cathdath.

The tartan is all of the one stuff.

*Is cruaidh an t-Earrach anns an cunntar
na faochagan.*

It's a hard spring when the whelks are counted.

Is dàna cuilean an uchd treòir.

The puppy is bold in the lap of strength.

*Is fad' an oidhche gu latha do dh'fhear na droch
mhnatha.*

The night is long for the husband of the bad wife.

Is i mhàthair bhrisg a nì 'n nighean leisg.

The active mother makes the lazy daughter.

Na toilich do mhiann gus
am feuch thu do sporan.

Check your purse before you please yourself.

Saoilidh an duin' air mhisg gum bi a h-uile duin' air mhisg ach e fhèin.

The drunk man thinks himself the only one sober.

Seachnaidh duin' a bhràthair, ach cha sheachain e choimh-earsnach.

A man may do without a brother, but not without a neighbour.

Socraichidh am pòsadh an gaol.

Marriage takes the heat out of love.

Is math an sgàthan sùil caraide.

A friend's eye is a good looking-glass.

Is ì an dìas as truime as ìsle chromas a ceann.

The heaviest ear of corn bends its head the lowest.

Gluais faicilleach le cupan làn.

Go carefully with a full cup.

Furain an t-aoigh a thig, greas an t-aoigh tha falbh.

Welcome the coming, speed the parting guest.

Is uaisle am breid na toll.

A patch is better than a hole.

Is ladarna gach cù air a shitig fhèin.

Every dog is bold on his own midden.

Tachraidh na daoine, ach cha tachair na cnuic.

Men will meet, but the hills will not.

Is treasa dithis a' dol thar àn àtha na fad' o chèile.

Two should stay together when crossing a ford.

Tha iongantas air a chat earball a bhith air.

The cat wonders at its own tail.

*Is e 'n t-ionnsachadh òg
an t-ionnsachadh bòidheach.*

The learning in youth is the pretty learning.

Is mìne min na gràn, is mìne mnài na fir.

Meal is finer than grain, women are finer than men.

Breac à linne, slat à coille is fiadh à fireach -
mèirle às nach do ghabh gàidheal riamh nàire.

A fish from the river, a staff from the wood and a deer
from the mountain - thefts no Gael was ever ashamed of.

Suirghe fada bhon taigh, 's pòsadh am bun an dorais.

Go courting afar, but marry next door.

Teine chaoran is gaol ghiullan - cha do mhair iad fada riamh.

A fire of broken peat, and a boy's love, do not last.

Nì òigear leisg bodach brisg.

A lazy youth will make an active old man.

An uair a thèid na mèirlich a throd, thig daoin' ion-raic gu 'n cuid fhèin.

When thieves dispute, honest men will get their own.

Am fear nach dèan cur sa Mhàrt, cha bhuain e san Fhoghar.

He who will not sow in March will not reap in autumn.

An nì a thig leis a'ghaoith, falbhaidh e leis an uisge.

What comes with the wind will go with the water.

Dùnan math innearach, màthair na ciste-mine.

A good dungheap is mother to the meal chest.

*Am fear a thèid a ghnàth a-mach le lìon, gheibh e
eòin air uairibh.*

The man who always goes out with his net will catch
birds sometimes.

*Am fear nach cuir a shnaidhm, caillidh e chiad
ghrèim.*

The man who puts not a knot on his thread
loses the first stitch.

*Am feur a thig a-mach sa Mhàrt, thèid
e staigh sa Ghiblean.*

The grass that grows in March disappears in April.

An lámh a bheir, 's i a gheibh.

The hand that gives is the hand that gets.

Bàthaidh uisge teth teine.

Hot water will quench fire.

Bidh cron duine cho mòr ri beinn mun lèir dha fhèin e.

A man's fault will be as big as a mountain before he sees it.

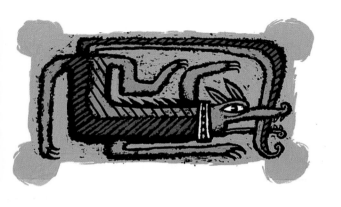

Bu gheur an cù a bheireadh an t-earball uaithe.

Sharp would the dog be that could
snatch his tail from him.

Chan ann leis a' chiad bhuille thuiteas a' chraobh.

It is not with the first stroke that the tree falls.

*Cò dha a b'fheàrra b'aithne an cat a thoirt às a'
mhuighe na don fhear a chuir ann i?*

Who knows best how to take the cat out of the churn
than he who put her in?

Cha tàinig ugh mòr riamh on dreathain-duinn.

The wren never laid a large egg.

*Cha robh dithis riamh a' fadadh
teine nach do las eatarra.*

Two never kindled a fire but it lit between them.

Chan eil mo theanga fo d'chrios.

My tongue is not under your belt.

Cha sgal cù roimh chnàimh.

A dog yells not when hit with a bone.

Chan eil deathach an taigh na h-uiseig.

There is no smoke in a lark's house.

*Ciod a b'àill leat fhaighinn an nead an fhithich ach
am fitheach fhèin?*

What would you have in the raven's nest
but the raven itself?

Càit am biodh na puirt nach faigheadh
na clàrsairean?

Where would be the melodies the
harpers could not find?

Cha chinn feur air an rathad mhòr.

Grass does not grow on the high road.

Cha tàinig eun glan riamh à nead a'chlamhainn.

A clean bird never came out of a kite's nest.

Cha d'dhùin doras nach d'fhosgail doras.

No door ever closed, but another opened.

Cùm do chù ri leigeadh.

Hold back your dog till the deer falls.

Cha dèan cas làidir nach ith brù mhòr.

The strong foot will not find more than the
big belly will devour.

Cha d'fhuair sùil ghionach riamh cunnradh math.

A covetous eye never got a good bargain.

Fear na bà fhèin sa pholl an toiseach.

Let the owner of the cow be first to step into the mire.

*Cha do bhrist fear riamh a bhogha nach d'fheum
fear eile 'n t-sreang.*

No man ever broke his bow but another man found a use
for the string.

*Chan iongnadh boladh nan sgadan a bhith den t-
soitheach sam bi iad.*

No wonder the cask smells of the herrings that it holds.

Cha tèid nì sam bith san dòrn dùinte.

Nothing can get into a closed fist.

Ge milis a' mhil, cò dh'imlicheadh o bhàrr dri i?

Honey may be sweet, but no-one licks it off a briar.

Gabhaidh an connadh fliuch, ach cha ghabh a'
chlach.

Wet fuel may kindle, but a stone never will.

Ged bheir thu bean o Ifrinn, bheir i dhachaigh thu.

Though you should take a wife from Hell, yet she will
bring you home.

*Gheibh cearc an sgrìobain rudeigin, is chan fhaigh
cearc a' chrùbain dad idir.*

The scraping hen will find something, but the creeping
hen will find nothing.

Gach madadh air a' mhadadh choimheach.

Every dog sets upon the stranger dog.

Ge b'e thig gun chuireadh, suidhidh e gun iarraidh.

Who comes uninvited will sit down unbidden.

Is ann an ceann bliadhna a dh'innseas iasgair a thuiteamas.

It is at the year's end that the fisher can tell his luck.

Is àrd ceann an fhèidh sa chreachann.

Lofty is the deer's head on the top of the mountain.

Is bean-taighe 'n luchag air a taigh fhèin.

The mouse is mistress in her own house.

Is sleamhainn leac doras an taigh mhòir.

The chief's house has a slippery doorstep.

Is ioma nì a chailleas fear na h-imrich.

Many a thing drops from the man who often flits.

*Is fheàrr teine beag a gharas na
teine mòr a loisgeas.*

The little fire that warms is better than the big fire that
burns.

Is truagh a' bhantrach a' phìob.

Poor is the bagpipe when widowed.

Is luath fear doimeig air fàire, latha fuar Earraich.

Swift is the slut's husband over the hill,
on a bleak day in Spring.

Is fheàrr teicheadh math na droch fhuireach.

Better a good retreat than a bad stand.

Mol an latha math mu oidhche.

Praise the good day at the close of it.